Münster
Das kleine Weihnachtsbuch

Fotografien ✶ Weihnachtsgedichte ✶ Weihnachtsrezepte

Herausgegeben von Nikolaus Stiefel
Mit Münster-Fotografien von Eva Maria Koch und Tilmann Roßmöller

mmm
münstermitte
medienverlag

GANT
pur

Alle Jahre wieder …

… kommt der Winter und mit ihm die Weihnachtszeit – für viele die schönste Zeit des Jahres.

Draußen wird es kalt, die Tage werden kürzer, Kerzenschein erleuchtet die Häuser und vielleicht tanzen auch schon die ersten Schneeflocken durch die Luft. Der Advent steht vor der Tür, die Zeit der Stille und Besinnung beginnt.

Was gibt es Schöneres als jetzt langsam zur Ruhe zu kommen, der Alltagshektik den Rücken zu kehren und beschaulich im Kreis der Familie und der Freunde die winterliche Vorweihnachtszeit zu genießen.

Kaum eine Zeit löst mit ihren Vorbereitungen, Geschichten und Bräuchen aber auch mit ihren Lichtern und Geheimnissen so viel Freude und Faszination bei den Kleinen und Großen aus.

Noch ist Herbst nicht ganz entfloh'n,
aber als Knecht Ruprecht schon
kommt der Winter hergeschritten,
und alsbald aus Schnees Mitten
klingt der Schlittenglocken Ton.

Und was jüngst noch, fern und nah,
bunt auf uns herniedersah,
weiß sind Türme, Dächer, Zweige,
und das Jahr geht auf die Neige,
und das schönste Fest ist da.

Tag du der Geburt des Herrn,
heute bist du uns noch fern,
aber Tannen, Engel, Fahnen
lassen uns den Tag schon ahnen,
und wir sehen schon den Stern.

Theodor Fontane

Harenberg
Harenberg
ara

Es gibt so wunderweiße Nächte,
drin alle Dinge Silber sind.
Da schimmert mancher Stern so lind,
als ob er fromme Hirten brächte
zu einem neuen Jesuskind.

Weit wie mit dichtem Demantstaube
bestreut, erscheinen Flur und Flut,
und in die Herzen, traumgemut,
steigt ein kapellenloser Glaube,
der leise seine Wunder tut.

Rainer Maria Rilke

Der Prinzipalmarkt, Münsters gute Stube, legt sein Festtagskleid an, die Adventskränze der Kaufleute werden in den Bogengängen aufgehängt, der Aufbau der Stände für die fünf Weihnachtsmärkte in der Stadt beginnt und auf dem Platz vor der Lambertikirche werden der imposante Weihnachtsbaum und am Spiekerhof neben dem Kiepenkerldenkmal ein hoher Lichterbaum aufgestellt.

Die Schaufenster werden weihnachtlich dekoriert und die Straßenmusikanten spielen die ersten Weihnachtslieder auf der Querflöte, der Geige, der Balaleika und dem Akkordeon.

Der Dom, St. Lamberti, die Liebfrauen-Überwasserkirche und viele andere Kirchen der Stadt erstrahlen im Lichterglanz und alles hat am Abend diese besondere feierliche Atmosphäre.

Nicht nur die Stadt macht sich fein, auch die Wohnhäuser in der Stadt und den weiter entfernten Stadtteilen werden jetzt mit Tannenzweigen, Misteln, Weihnachtskugeln, Engeln und Weihnachtsmännern geschmückt. Vielleicht steht schon bald der erste Schneemann mit Hut und Möhrennase in einem Vorgarten.

Jetzt ist die Zeit der brennenden Kerzen, der Adventskalender – ihr großer Auftritt beginnt wieder am 1.12. – und der Weihnachtsmärkte mit ihren verführerischen Düften nach Glühwein, gerösteten Maronen, Lebkuchen und Früchtebrot gekommen.

Erste Geschenke werden mit roten Schleifen versehen und im Kleiderschrank versteckt. Das Fest der Liebe naht mit großen Schritten.

Immer ein Lichtlein mehr
im Kranz, den wir gewunden,
dass er leuchte uns so sehr
durch die dunklen Stunden.

Zwei und drei und dann vier!
Rund um den Kranz welch ein Schimmer,
und so leuchten auch wir,
und so leuchtet das Zimmer.

Und so leuchtet die Welt
langsam der Weihnacht entgegen
Und der in Händen sie hält,
weiß um den Segen!

Matthias Claudius

Schenke groß oder klein,
aber immer gediegen.
Wenn die Bedachten
die Gaben wiegen,
sei dein Gewissen rein.
Schenke herzlich und frei.
Schenke dabei
was in dir wohnt
an Meinung, Geschmack und Humor,
so dass die eigene Freude zuvor
Dich reichlich belohnt.
Schenke mit Geist ohne List.
Sei eingedenk,
dass dein Geschenk
Du selber bist.

Joachim Ringelnatz

GANT

ZUTATEN

... für 4 Bratäpfel

4 große aromatische Äpfel
20 g kandierter Ingwer
30 g Orangeat
2 EL geröstete gehackte Haselnüsse
2 EL flüssiger Honig
Butter für die Form
Butterflöckchen
1 Msp. Zimt

ZUBEREITUNG

Die Äpfel waschen, abtrocknen, die Kerngehäuse mit einem Apfelausstecher entfernen.
Den Backofen auf 200 °C vorheizen.
Eine feuerfeste Form mit Butter einfetten.
Ingwer und Orangeat in sehr kleine Würfel schneiden und mit den Haselnüssen und dem Zimt vermischen. Dann den leicht flüssigen Honig darunter mischen. Die Äpfel in die gebutterte Form setzen und die Honigmasse in die Apfelöffnungen füllen. Die restliche Füllung um die Äpfel legen. Auf jeden Apfel ein Butterflöckchen legen. Das Ganze auf der mittleren Schiene im Backofen ca. 30 – 40 Min. braten.

Dazu passt wunderbar Vanillesoße.

Klirrende Kälte draußen,
warmes Kerzenlicht,
knisterndes Kaminfeuer und
wohlige Wärme drinnen –
jetzt noch ein kuscheliges Sofa
und eine warme Decke
sowie ein Glas dampfender
Glühwein oder heißer Punsch,
so lässt sich der Tag
gemütlich und in
aller Ruhe beschließen.

Und wenn es gleich noch
heiße Bratäpfel mit
Vanillesoße gibt,
ist das Glück perfekt.

Bratapfel

Punschlied

Vier Elemente,
innig gesellt,
bilden das Leben,
bauen die Welt.

Presst der Zitrone
saftigen Stern,
herb ist des Lebens
innerster Kern.

Jetzt mit des Zuckers
linderndem Saft
zähmet die herbe
brennende Kraft.

Gießet des Wassers
sprudelnden Schwall,
Wasser umfänget
ruhig das All.

Tropfen des Geistes
gießet hinein,
Leben dem Leben
gibt er allein.

Eh es verdüftet,
schöpfet es schnell,
nur wenn er glühet,
labet der Quell.

Friedrich Schiller

... und jetzt noch etwas,
das von innen wärmt!

Wussten Sie eigentlich, dass schon Friedrich Schiller, unser großer Dichterfürst, den Punsch verehrt hat? So wie er ihn beschreibt, kommt doch Freude auf.

Punsch wird in Münster nicht nur auf dem Weihnachtsmarkt oder zu Hause getrunken. Kennen Sie überhaupt eine Stadt, in der wie hier bei knackiger Kälte die halbe Stadt (gefühlte Größe) mit Kind und Kegel, mit Hund und Fahrrad auf einen zugefrorenen See zieht?

Auf dem Aasee wird nicht nur Schlittschuh gelaufen, hier wird übers Eis flaniert, Familien treffen sich zum Sonntagsspaziergang, Carlo, Mika und Luna werden hier Gassi geführt, Studenten nehmen die Abkürzung und fahren mit dem Rad über den zugefrorenen See und die Jüngsten werden im Kinderwagen darüber geschoben.

Was an Sommersonntagen der Prinzipalmarkt ist, ist jetzt der Aasee – sehen und gesehen werden.

Schnell duftet es dann auch hier verführerisch nach den Getränken, die für die innere Wärme sorgen. Die ersten Stände verkaufen Glühwein und Punsch, aber viele Aasee-Fans haben auch einen Korb mit Thermoskanne und Gläsern dabei und genießen Mitgebrachtes, wie z.B. Apfelpunsch nach einem alten Familienrezept oder auch den alkoholfreien Kinderpunsch.

Apfelpunsch

ZUTATEN

6 TL schwarzer Tee
100 g brauner Kandis
500 g Boskop-Apfel
½ frische Ananas
½ Limette
½ Zimtstange
2 Nelken
3 Pimentkörner
3 Korianderkörner
1/8 l Calvados
¼ l Schlagsahne
brauner Kandis zum Garnieren

ZUBEREITUNG

Den Tee mit gut 1 l kochendem Wasser übergießen und 5 Min. ziehen lassen. Dann durch ein Sieb in einen Topf gießen und den Kandiszucker dazugeben. Die Früchte schälen, in dünne Scheiben schneiden und zum Tee geben.
Die Gewürze hinzufügen, aufkochen lassen und bei kleiner Hitze 5 Min. ziehen lassen. Den Calvados dazu gießen und alles durch ein Sieb in Gläser füllen. Die steifgeschlagene Sahne obendrauf setzen und vorsichtig mit Kandis bestreuen.

Kinderpunsch

ZUTATEN

½ l Früchtetee
½ l Apfelsaft
Saft einer Zitrone
3 TL Honig

ZUBEREITUNG

Den Früchtetee kochen und ca. 10 Min. ziehen lassen. Apfelsaft, Zitronensaft und Honig dazugeben und kräftig umrühren. Anschließend noch einmal alles solange erhitzen, bis sich der Honig vollständig aufgelöst hat.

Glühwein

Nicht nur der Punsch wärmt, auch der Glühwein vermittelt dieses schon von Friedrich Schiller beschriebene labende Gefühl.

Pünktlich zu Beginn der Adventszeit bilden sich lange Schlangen vor den zahlreichen Glühweinständen in der Innenstadt. Das beliebte „Aufwärmgetränk" aus Rotwein und weihnachtlichen Gewürzen ist auf allen Weihnachtsmärkten zu Hause und kann ganz einfach selber hergestellt werden.

ZUTATEN

3 Flaschen trockener Rotwein (trocken bis halbtrocken, z.B. Spätburgunder)
3 Orangen
1 Zitrone
1 Apfel
3 kleine Zimtstangen
1 Sternanis
4 Nelken
3 EL Rosinen
6-8 EL Zucker

ZUBEREITUNG

Rotwein in einen großen Topf füllen und langsam erwärmen. Der Wein darf nicht kochen!

Eine Orange und den Apfel gründlich waschen. Die Orange in Scheiben schneiden, den Apfel entkernen und in Stücke schneiden. Die Zitrone und die übrigen Orangen auspressen. Den gepressten Saft und alle Zutaten für den Glühwein (außer dem Zucker) in den Topf geben und ca. 20 Minuten ziehen lassen. Abschmecken und den Glühwein mit Zucker süßen. Unter Umständen die Zimtstangen und den Sternanis entfernen, da beide sehr intensiv sind. Das Obst kann ruhig weiter ziehen, sollte aber nicht mit in die Gläser gefüllt werden.

winterliches & weihnachtliches

Münster

Plätzchenduft zieht durch das Haus,
verschlossen sind die Schränke.
Es weihnachtet, ich kenn' mich aus,
eingekauft sind die Geschenke.
Ich freu' mich auf das Kinderlachen,
auf ein paar Tage – ruhig und still,
den Lieben eine Freude machen,
das ist es, was ich will.

Zimtsterne

Die verführerischsten Düfte aus der Küche gibt es in der Vorweihnachtszeit. Immer der Nase nach zieht es uns dorthin. Hier kann man nicht widerstehen, schließlich duftet es wie in einer Backstube. Beliebte Klassiker wie Zimtsterne und Vanillekipferl aber auch immer wieder neue Generationen von kleinen Plätzchenwundern werden hier gerührt, geknetet, geformt und in den Backofen geschoben.

Egal ob nach Omas Geheimrezept gebacken oder nach den neuesten Kreationen aus „essen & trinken", „BRIGITTE", „freundin" & Co. – die kleinen Advent- und Weihnachtsleckerlis versprechen alle ein himmlischer Genuss zu werden.

Hier findet jeder garantiert seine Lieblingssorte.

ZUTATEN

ca. 60 Stück
4 Eiweiß
500 g Puderzucker
30 g gemahlener Zimt
1 1/2 EL Zitronensaft
550 g fein gemahlene Mandeln

ZUBEREITUNG

Eiweiß sehr steif schlagen. Puderzucker dazu sieben, dabei weiter schlagen bis die Masse schön glänzt. 5 EL für die Glasur zugedeckt beiseite stellen. Zimt, Zitronensaft und gemahlene Mandeln unter den restliche Eischnee mischen und die Masse zu einer Kugel formen. Die Kugel in Folie wickeln und 1 Std. kalt stellen. Teig ca. 1 cm dick zwischen Backpapier ausrollen. Sterne ausstechen und auf ein mit Backpapier ausgelegtes Backblech setzen. Jeden Stern mit dem Eiweiß als Glasur bestreichen. Vor dem Backen möglichst nochmals kühlstellen. Dann im Backofen bei 130–150 Grad ca. 20 Min. backen.

Vanillekipferl

ZUTATEN

für ca. 100 Stück
200 g Weizenmehl
1 Msp. Backpulver
100 g Zucker
1 Päckchen Vanille-Zucker
1 Ei (Größe M)
125 g weiche Butter
100 g gemahlene Mandeln

Zum Bestäuben:
Mischung aus 50 g gesiebtem Puderzucker und einem Päckchen Vanille-Zucker

ZUBEREITUNG

Mehl mit Backpulver in eine Rührschüssel sieben. Übrige Zutaten hinzufügen und alles mit einem Handrührgerät (Knethaken) zu einem Teig verarbeiten. Teig anschließend zu einem glatten Teig verkneten. Aus dem Teig bleistiftdicke Rollen formen, 4-5 cm lange Stücke abschneiden, deren Enden jeweils etwas dünner rollen und zu Hörnchen geformt auf das mit Backpapier belegte Backblech legen. Das Blech für ca. 10 Min. in den vorgeheizten Backofen (180°C) schieben. Die Kipferl mit dem Backpapier vom Blech ziehen, auf dem Papier zusammenschieben und noch heiß mit der Zuckermischung bestäuben. Kipferl erkalten lassen und dann mit dem Rest der Zuckermischung bestäuben.

Nussbaiser

ZUTATEN

für ca. 60 Stück
140 g Puderzucker
100 g gehackte Walnußkerne
2 Eiweiß

ZUBEREITUNG

Das Eiweiß mit dem Zucker im Wasserbad aufschlagen, dann wieder kalt schlagen, bis sich die Masse wie ein weiches Band ziehen lässt. Die gehackten Walnüsse unterheben, gut vermischen und mit einem Teelöffel kleine Häufchen auf das mit Backpapier ausgelegte Blech legen. Im vorgeheizten Backofen bei 130 Grad ca. 35 Min. backen.

Sternschnuppen

ZUTATEN

für ca. 25 Stück
150 g Mehl
150 g gemahlene Haselnüsse
100 g Zucker
30 g Kakaopulver
150 g Butter
1 Eigelb
150 g weiße Schokoladenkuvertüre

ZUBEREITUNG

Alle Zutaten verkneten und für ca. 30 Min. kalt stellen. Auf einer bemehlten Arbeitsfläche den Teig ca. 3 mm dünn ausrollen. Sternschnuppen ausstechen und auf ein mit Backpapier belegtes Backblech legen. Im vorgeheizten Backofen auf der mittleren Schiene bei 200 Grad 8–10 Min. backen. Plätzchen auskühlen lassen. Die Kuvertüre im warmen Wasserbad schmelzen und die Sternschnuppen mit der Kuvertüre verzieren.

Westfälische Nachrichten
ZAZA
CONCEPT

Und sollten die Selbstgebackenen auf der Hitliste der beliebtesten Weihnachtsplätzchen wieder ganz oben stehen, so dass der Vorrat vorzeitig zur Neige geht, gibt es immer noch die „last-minute-Plätzchen", die im Handumdrehen gekauft sind.

Wofür haben wir schließlich die verführerischen Stände auf dem Weihnachtsmarkt und die wundervollen Konditoreien in der Stadt?
Auch hier gibt es für den bunten Plätzchenteller alles von Anis bis Zuckerguss.
Süße Schätze gehören zur Weihnachtszeit einfach dazu, egal ob selbstgebacken oder in den kleinen Genussmanufakturen gekauft.

PALMEN CAFE

*Markt und Straßen steh'n verlassen,
still erleuchtet jedes Haus,
sinnend geh' ich durch die Gassen,
alles sieht so festlich aus.*

*An den Fenstern haben Frauen
buntes Spielzeug fromm geschmückt,
tausend Kindlein steh'n und schauen,
sind so wunderstill beglückt.*

*Und ich wand're aus den Mauern
bis hinaus in's freie Feld,
hehres Glänzen, heil'ges Schauern!
Wie so weit und still die Welt!*

*Sterne hoch die Kreise schlingen,
aus des Schnees Einsamkeit
steigt's wie wunderbares Singen –
O du gnadenreiche Zeit!*

Joseph Freiherr von Eichendorff

Die festlich geschmückte Innenstadt und fünf Weihnachtsmärkte laden die Besucher zum Bummeln und Genießen ein. Herrlich!

Wer die Stadt einmal so erleben durfte, weiß, warum sie weit über ihre Grenzen hinaus beliebt und bekannt ist.

Der Weihnachtsmarkt am Aegidiimarkt hat mit der beeindruckenden Krippe und der 6 m hohen Holzpyramide zwei besondere Attraktionen. Natürlich gibt es auch hier eine Vielzahl attraktiver Verkaufsstände.

Gebrannte Mandeln und frisch geröstete Maronen laden auf den größten und ältesten Weihnachtsmarkt in Münster mit Kunstgewerbe- und Spielzeugständen aber auch allerlei kulinarischen Genüssen im Rathaus-Innenhof ein.

Marc O'Polo

Nun wandelt auf verschneiten Wegen
die Friedensbotschaft durch die Welt;
aus Ewigkeit ein lichter Segen
in das Gewühl des Tages fällt.
Schon blinkt die Nacht,
die Glocken schwingen,
und willig macht die Menschheit halt;
das wilde Drängen, Hasten, Ringen
entschläft; der wüste Lärm verschallt.

Ein Opferduft aus Tannenzweigen,
ein Wunderbaum mit Sternenpracht,
und um den Baum ein Jubelreigen –
das ist das Fest, von Gott gemacht.
O holder Traum, laß dich genießen:
daß alles glücklich, gut und fromm!
Dann mag die Seligkeit zerfließen,
der alte Kampfplatz winken: Komm!

Victor Blüthgen

Der Lichtermarkt St. Lamberti vor der gleichnamigen Kirche auf zwei Seiten umrahmt von Giebelhäusern mit ihren geschmückten Bogengängen lockt mit weihnachtlichen Leckereien, Spielzeug und Christbaumschmuck und einer besonders heimeligen Atmosphäre. Kleine Häuschen mit spitzen blauen Dächern verleihen ihm ein besonderes Flair.

Spiekerhof

Das Weihnachtsdorf am Kiepenkerl wartet mit festlich dekorierten Hütten und einem großen Lichterbaum auf.

Kulinarische Köstlichkeiten und weihnachtliche Dekorationsartikel erwarten hier die Besucher.

Hörst auch du die leisen Stimmen
aus den bunten Kerzlein dringen?
Die vergessenen Gebete
aus den Tannenzweiglein singen?
Hörst auch du das schüchtern frohe,
helle Kinderlachen klingen?
Schaust auch du den stillen Engel
mit den reinen, weißen Schwingen?...
Schaust auch du dich selber wieder
fern und fremd nur wie im Traume?
Grüßt auch dich mit Märchenaugen
deine Kindheit aus dem Baume?...

Ada Christen

Vom Himmel in die tiefsten Klüfte
Ein milder Stern hernieder lacht;
vom Tannenwalde steigen Düfte
und hauchen durch die Winterlüfte,
und kerzenhelle wird die Nacht.

Mir ist das Herz so froh erschrocken,
das ist die liebe Weihnachtszeit!
Ich höre fernher Kirchenglocken
mich lieblich heimatlich verlocken
in märchenstille Herrlichkeit.

Ein frommer Zauber hält mich wieder,
anbetend, staunend muss ich steh'n;
es sinkt auf meine Augenlider
ein gold'ner Kindertraum hernieder,
ich fühl's, ein Wunder ist gescheh'n.

Theodor Storm

Der Giebelhüüskesmarkt an der Liebfrauen-Überwasserkirche lädt vor historischer Kulisse mit Waffeln und Glühwein zum Verweilen ein.

Alle Weihnachtsmärkte und die ihnen eigene Atmosphäre geben schon einen Ausblick auf den Zauber des Weihnachtsfestes mit seinen warmen Lichtern, seinem Tannenduft, aber auch den verführerischen Düften nach Zimt und Orange, Weihnachtsplätzchen, Gänsebraten und Glühwein.

Es treibt der Wind im Winterwalde
die Flockenherde wie ein Hirt
und manche Tanne ahnt wie balde
sie fromm und lichterheilig wird;
und lauscht hinaus. Den weißen Wegen
streckt sie die Zweige hin - bereit
und wehrt dem Wind und wächst entgegen
der einen Nacht der Herrlichkeit.

Rainer Maria Rilke

Aber nicht nur die Innenstadt auch der zugefrorene Aasee und das verschneite Schloss sind wundervoll – eine weiße Märchenwelt.

Vielleicht wohnt die Schneekönigin ja tatsächlich in Münster?

ara
Harenberg
Harenberg

Von drauss' vom Walde komm ich her;
ich muss euch sagen, es weihnachtet sehr!
Allüberall auf den Tannenspitzen
sah ich goldene Lichtlein sitzen;
und droben aus dem Himmelstor
sah mit grossen Augen das Christkind hervor;
und wie ich so strolcht' durch den finstern Tann,
da rief's mich mit heller Stimme an:
„Knecht Ruprecht", rief es, „alter Gesell,
hebe die Beine und spute dich schnell!
Die Kerzen fangen zu brennen an,
das Himmelstor ist aufgetan,
Alt' und Junge sollen nun
von der Jagd des Lebens einmal ruhn;
Und morgen flieg ich hinab zur Erden,
denn es soll wieder Weihnachten werden!"
Ich sprach: „O lieber Herre Christ,
meine Reise fast zu Ende ist;
ich soll nur noch in diese Stadt,
wo's eitel gute Kinder hat."
„Hast denn das Säcklein auch bei dir?"
Ich sprach: „Das Säcklein, das ist hier:
denn Äpfel, Nuss und Mandelkern
essen fromme Kinder gern."
„Hast denn die Rute auch bei dir?"
Ich sprach: „Die Rute, die ist hier;
doch für die Kinder nur, die schlechten,
die trifft sie auf den Teil, den rechten."
Christkindlein sprach: „So ist es recht;
so geh mit Gott, mein treuer Knecht!"
Von drauss' vom Walde komm ich her;
ich muss euch sagen, es weihnachtet sehr!
Nun sprecht, wie ich's hier innen find!
Sind's gute Kind, sind's böse Kind?

Theodor Storm

Heute tanzen alle Sterne
und der Mond ist blank geputzt.
Petrus in der Himmelsferne
hat sich seinen Bart gestutzt.

Überall erklingt Geläute,
fröhlich schmückt sich Gross und Klein.
Und die Heiligen tragen heute
ihren Sonntag-Heiligenschein.

Es ertönen tausend Flöten,
tausend Kerzen geben Glanz.
Und die würdigen Kometen
Wedeln lustig mit dem Schwanz.

Hintern Zaum im Paradiese
gar nicht weit vom Himmelstor
musiziert auf einer Wiese
auch der Engelskinderchor.

Ihre roten Tröpfelnasen
putzen sich die Kleinen schnell
und dann singen sie und blasen
auf Fanfaren, silberhell.

Jedes Jahr um diese Stunde
singen sie nach altem Brauch.
Alle Sterne in der Runde
lauschen – und die Menschen auch.
Manchmal, aber leise, leise
wird der Chor der Engel stumm.
Und im ganzen Erdenkreise
geht ein sanftes Flüstern um.

Dann erscheinen sieben Schimmel
zärtlich ruft es „Hüh und hott!"
Und gemächlich durch den Himmel
fährt daher der liebe Gott.

Da verstummen alle Lieder
und die Engel machen fix
mit gefaltetem Gefieder
vor dem Herrgott einen Knicks.

Alle goldenen Sternenherden
dreh'n sich still dazu im Tanz.
Und im Himmel wie auf Erden
leuchtet Weihnachtskerzenglanz.

James Krüss

Die Weihnachtsgeschichte

Evangelium des LUKAS Kapitel 2 Vers 1-20

Es begab sich aber zur der Zeit, dass ein Gebot von dem Kaiser Augustus ausging, dass alle Welt geschätzt würde. Und diese Schätzung war die allererste und geschah zur Zeit, da Quirinius Statthalter in Syrien war. Und jedermann ging, dass er sich schätzen ließe, ein jeder in seine Stadt.

Da machte sich auf auch Josef aus Galiläa, aus der Stadt Nazareth, in das jüdische Land zur Stadt Davids, die da heißt Bethlehem, weil er aus dem Hause und Geschlechte Davids war, damit er sich schätzen ließe mit Maria, seinem vertrauten Weibe; die war schwanger. Und als sie dort waren, kam die Zeit, dass sie gebären sollte. Und sie gebar ihren ersten Sohn und wickelte ihn in Windeln und legte ihn in eine Krippe; denn sie hatten sonst keinen Raum in der Herberge.

Und es waren Hirten in derselben Gegend auf dem Felde bei den Hürden, die hüteten des Nachts ihre Herde. Und der Engel des Herrn trat zu ihnen, und die Klarheit des Herrn leuchtete um sie; und sie fürchteten sich sehr. Und der Engel sprach zu ihnen: Fürchtet euch nicht! Siehe ich verkündige euch große Freude, die allem Volk widerfahren wird; denn euch ist heute der Heiland geboren, welcher ist Christus der Herr, in der Stadt Davids. Und das habt zum Zeichen: ihr werdet finden das Kind in Windeln gewickelt und in einer Krippe liegen. Und alsbald war da bei dem Engel die Menge der himmlischen Heerscharen, die lobten Gott und sprachen:

Ehre sei Gott in der Höhe
und Friede auf Erden
bei den Menschen ein Wohlgefallen

Und als die Engel von ihnen in den Himmel fuhren, sprachen die Hirten untereinander: Lasst uns nun gehen nach Bethlehem und die Geschichte sehen, die da geschehen ist, die uns der Herr kundgetan hat. Und sie kamen eilend und fanden beide, Maria und Josef, dazu das Kind in einer Krippe liegen. Als sie es aber gesehen hatten, breiteten sie das Wort aus, das zu ihnen von diesem Kinde gesagt war. Und alle, vor die es kam, wunderten sich über das, was die Hirten gesagt hatten. Maria aber behielt alle diese Worte und bewegte sie in ihrem Herzen. Und die Hirten kehrten wieder um, priesen und lobten Gott für alles, was sie gehört und gesehen hatten, wie denn zu ihnen gesagt war.

Glocken läuten,
stimmt alle ein:
Friede, Friede
soll auf Erden sein.
Glocken läuten weit
bis zum Himmelszelt:
Friede, Friede
auf der ganzen Welt.

Bildnachweis Münster-Fotografien:

Seiten 2, 4, 6, 8, 9, 12, 14, 16, 18, 19, 20, 22, 24, 26, 28, 29, 40, 42:
© 2011 Eva Maria Koch, Münster
Titelfoto; Seiten 30, 32, 33, 34, 35, 36, 44:
© 2011 Tilmann Roßmöller, Münster; www.air-klick.de

Quellenvermerk:

Seite 45 „Heute tanzen alle Sterne" aus:
James Krüss, Der wohltemperierte Leierkasten,
© 1989 cbj Verlag, München, in der Verlagsgruppe Random House

Bibliografische Information der Deutschen Nationalblibliothek:

Die Deutsche Nationalbibliothek verzeichnet diese Publikation
in der Deutschen Nationalbibliografie; detaillierte bibliografische
Daten sind im Internet unter http://dnb.d-nb.de abrufbar.

Printed in Germany
ISBN: 978-3-9813605-8-5